50 ausgesuchte Zitate von Martin Luther

Saarländisch nachempfunden von Walther Henßen und illustriert von Bernd Kissel

Geistkirch

Mit freundlicher Unterstützung:

Union Stiftung

Evangelische Kirche im Rheinland

ISBN 978-3-946036-66-1

www.geistkirch.de

1. Auflage 2017

Verlag: Geistkirch Verlag, Saarbrücken

Herausgeber: Kirchenkreisverband an der Saar, Saarbrücken

Text: Walther Henßen

Illustrationen: Bernd Kissel, Berus

Satz und Layout: Harald Hoos, Landau

Printed in EU

Vorwort

»Zerigg zu de Wurzle« (»back to the roots«)

So könnte das Motto dieser Übertragung lauten, denn zu Lebzeiten des Reformators gab es in Deutschland viele unterschiedliche Sprachräume. Mit seiner deutschen Bibelübersetzung hat Martin Luther eine Grundlage für unser heutiges Hochdeutsch geschaffen und somit die vielen unterschiedlichen Mundarten verdrängt.

Was bewirkt Mundart? Eine Frage, die sich immer wieder stellt, wenn Mundart in Situationen, Örtlichkeiten oder Institutionen angewandt wird, in denen man Hochdeutsch erwartet, zum Beispiel: vor Gericht. Wenn ein Richter, der über das Mundartsprechen zu dem Angeklagten, der vielleicht nur der Mundart mächtig ist, Zugang bekommt. Oder in der Kirche: Hier hat der evangelische Pfarrer Walther Henßen bereits in den 80-er Jahren mit seinen Mundartgottesdiensten in Brebach-Fechingen seine Gemeinde begeistert.

Zu solchen »Experimenten« braucht es manchmal nur ein bisschen Mut, der sich aber lohnt, denn Mundart ist die Sprache des Herzens, Mundart berührt mit Worten, für die es im Hochdeutschen keine Übersetzung gibt. Mundart vermittelt oft ein Gefühl der Geborgenheit, der Wärme. Mundart kann Heimat bedeuten und kann uns zeigen, wo unsere Wurzeln sind.

Somit führt uns dieses Buch gleich in zweierlei Hinsicht »zerigg zu de Wurzle«.

In diesem Sinne wünsche ich allen ein genussvolles Lesen.

Susanne Wachs
Moderatorin und Mundartspezialistin
bei SR3 Saarlandwelle

Luthers Morgensegen

Des Morgens, wenn du aufstehst, kannst du dich segnen mit dem Zeichen des heiligen Kreuzes und sagen:

Das walte Gott Vater, Sohn und Heiliger Geist! Amen.

Darauf kniend oder stehend das Glaubensbekenntnis und das Vaterunser. Willst du, so kannst du dies Gebet dazu sprechen:

Ich danke dir, mein himmlischer Vater, durch Jesum Christum, deinen lieben Sohn, dass du mich diese Nacht vor allem Schaden und Gefahr behütet hast, und bitte dich, du wollest mich diesen Tag auch behüten vor Sünden und allem Übel, dass dir all mein Tun und Leben gefalle. Denn ich befehle mich, meinen Leib und Seele und alles in deine Hände. Dein heiliger Engel sei mit mir, dass der böse Feind keine Macht an mir finde. Amen.

Alsdann mit Freuden an dein Werk gegangen und etwa ein Lied gesungen oder was dir deine Andacht eingibt.

Martin Luther 1529

Luthers Morgensegen auf Saarländisch

Übersetzt von Walther Henßen

Bevor de morjens aussem Bett schdeischd,
kannschdes Kreiz schlaan unn Folschendes bääde:

Mei Herrgott, Du hascht alles in der Hand,
isch bääde disch aan, Vadder, Sohn
un Heilischer Geischt. Amen.

Dann kannschde uff die Knie gehn odder aach im Stehn
es Glaawensbekenntnis bääde un es Vadderunser.
Un wennde willscht, kannschde aach noch
das dò Gebet saan:

»Se allereerscht muss isch dir, Vadder im Himmel,
emòòl danke saan, weil: du hascht gemeinsam
mit deim Sohn Jesus Christus die Hand iwwer misch
gehall, dass mir heit Naachd nix Beeses zugestooss i

Unn dòdrum will isch disch bidde, dassde mir aach de Daach iwwer beihallschd, dass isch nix Gottloses mache un dass mir nix Beeses bassiert. Vor allem, dass isch dir in die Aue gugge kann un vor disch träääde derf. Du wääscht jò, isch halle misch aan disch un genn dir alles, was isch hann, an die Hand, mei Kerber unn mei Seel inngeschloss. Dei heilischer Schutzengel loss bei mir bleiwe, dass der Raulische, wo misch von dir wegholle will, nix aan mir hat.«

Nachsatz:
Alleh dann! Awweile awwer freelisch ans Werk, vielleicht middeme Lied uff de Libbe odder aach, was dir graad so zur Andacht innfallt.

1

Tritt frisch auf!
Tu's Maul auf!
Hör bald auf!

Zeih disch!
Saa laut, wasde denkschd!
Dann awwer vergess nidd,
de Mund widder zu se mache!

2

Hier stehe ich.
Ich kann nicht anders.
Gott helfe mir. Amen.

Ihr hann mei Meinung geheert.
Un dodefier stehn isch graad.
Annerschder geht's nidd.
De Herrgott werd mer helfe! Amen.

3

Der Wein ist stark,
der König ist stärker,
die Weiber noch stärker,
die Wahrheit am allerstärksten.

Stark is de Wein,
stärker de Keenisch,
noch stärker sinn die Fraue.
Awwer gee-e die Wòhrhääd
kumme-se allegar nidd aan.

4

Wer nicht liebt Wein, Weib, Gesang,
der bleibt ein Narr sein Leben lang.

Wer nix vun Wein un Fraue halt
un noch dezu die Mússik hasst,
der steht selebbdaach stur im Wald
un hat sei Lääwe glatt verpasst!

5

Man muß die Mutter im Haus,
die Kinder auf der Gassen,
den gemeinen Mann auf dem Markte
drumb fragen und denselbigen
auf das Maul sehen, wie sie reden.

Du muschd die Mudder im Haus,
die Kinner uff der Gass,
die Mannsleit uffem Markt
fròò-e un ihne uffs Maul gugge,
dann wääschde,
wie ma Deitsch schwätzd.

6

Eine Lüge ist wie ein Schneeball:
Je länger man ihn wälzt,
desto größer wird er.

Middem Lieje isses,
wie middeme Schneeballe:
Je meh ma-ne wänzelt,
um so greeßer gebbt er.

7

Einem verzweifelten Menschen
Mut zusprechen ist besser,
als ein Königreich erobern.

Äänem, wo ganz unne is,
Mut se mache, is besser,
wie wemma unbedingt
de Öwwerschde sinn will.

8

Der Mensch bleibt närrisch
bis ins vierzigste Jahr.
Wenn er dann anfängt,
seine Narrheit zu erkennen,
ist das Leben schon dahin.

Der Mensch is närrisch,
bisser vierzisch is.
Wenner's dann merkt,
isses schon se spät.

9

Ihr könnt predigen,
über was ihr wollt,
aber prediget niemals über vierzig Minuten!

Ihr kenne von der Kanzel iwwer
alles schwätze,
nur nie iwwer verzisch Minudde!

10

Ein Geiziger kann nichts Nützlicheres
und Besseres tun,
als wenn er stirbt.

E Geizhals kann nix besseres mache,
als wie dasser ins Gras beißt.

11

Die Arzenei macht kranke,
die Mathematik traurige
und die Theologie sündhafte Leute.

Die Medizin macht disch noch kränker,
wiede bischd, die Maddemadigg
macht disch traurisch
un die Theologie macht aus dir
nix wie e sündischer Mensch!

12

Die Welt ist wie ein trunkener Bauer:
Hebt man ihn auf einer Seite in den Sattel,
so fällt er auf der anderen Seite wieder herab.

Die Welt is wie e Bauer, wo besoff is:
Wann-de-ne uff der ään Seit
uff de Gaul hebschd,
fallder uff der anner Seit
widder erunner.

13

Worauf du nur dein Herz hängst,
das ist eigentlich dein Gott.

Wennde ehrlisch bischd:
an was du dei Herz hängschd,
das is dei Gott.

14

Eines guten Redners Amt oder Zeichen ist,
daß er aufhöre, wenn man ihm
am liebsten zuhört.

Woran kannsche feschdstelle,
dass ääner, wo gudd schwetze kann,
schlau is?
Dasser wääß, wanner beizeite uffheert.

15

Wenn ihr angefochten werdet,
durch Trübsal und Verzweiflung
oder durch eine Gewissensnot,
dann esst, trinkt, sucht Unterhaltung
wenn euch die Gedanken
an ein Mädchen aufhelfen, so tut so.

Wenn-ner Huddel hann,
traurisch odder verzweifelt sinn
odder wenn sisch's Gewisse meldt,
dann duun ebbes esse odder trinke odder
suchen eisch jemand fier se unnerhalle,
un wenn's ebbes bringt,
dann denke an e schnuggelisches Määde.

16

Es muss ein magerer Braten sein,
da nichts von abtropft.

Vonneme durre Broode
kannschde kää Fett verlange.
(Oder uff gudd Saarlännisch:
Ääner, wo kää Spautz hat,
das is e »Trockesputzer«!)

17

Jugend ist wie ein Most.
Der lässt sich nicht halten.
Er muss vergären und überlaufen.

Juuchend is wie junger Wein:
do derfma die Flasch nidd zumache.
Irjendwo muss die Kraft jo hien.
Wemma sisch nidd entfalde kann,
flieht der Stobbe eraus.

18

Tut einer Unrecht,
so muss er auch bekennen.

Macht ääner ebbes falsch,
dann muss er aach defier graadstehn.

19

Für die Toten Wein,
für die Lebenden Wasser:
Das ist eine Vorschrift für Fische.

Fier die, wo gestorb sinn, Wein!
Un fier die, wo sisch
noch am Lääwe freie, Wasser!
So ebbes kamma denne Fische
im Meer verzeehle.

20

Ein Rausch ist zu ertragen,
die Trunksucht aber nicht.

Wemma mòòl ääner
iwwer de Durscht trinkt, geschenkt;
wenn's awwer zur Gewohnheit werd,
heert der Spaß uff.

21

*Predige du das Wort und lass Gott
die Leute fromm machen.*

*Saa, was dei Ufftraach is,
awwer iwwerlass es em Herrgott,
wasser draus macht.*

22

Wortgeklingel verdrießt mehr,
als daß es erbaut.
Mit wenigem viel sagen, das ist die Kunst;
die größte Torheit aber ist's
viel zu reden und doch nichts zu sagen.

E Schwaduddler macht meh Schade,
als wie dasser helft. Die Kunscht is,
ebbes se saan ohne viel Worrde.
Awwer viel se schwätze, ohne dassma
ebbes saad, das zeit nur, wie dumm der
Schwätzer is. (So macht e Schwätzer
sisch zum „Dummschwätzer!")

23

Wer Gutes tun will,
muß es verschwenderisch tun.

Ebbes Guddes
kamma nie se viel mache!

24

Du kannst nicht verhindern,
dass ein Vogelschwarm
über deinen Kopf hinwegfliegt.
Aber du kannst verhindern,
dass er in deinen Haaren nistet.

Dass dir e Haufe Veschel
iwwer de Kopp flieje,
dodraan kannschde nix ännere;
dasse awwer in deine Hòòr
Neschder baue,
dògee-e kannsche disch wehre.

25

Wenn wir alt werden,
so beginnen wir zu disputieren,
wollen klug sein,
und doch sind wir die größten Narren.

Wemma in die Jòhre kummt,
fangtma aan se dischbediere.
Ma will iwwerschlau sinn
un bleibt doch de greeschde Troddel.

26

Wer kein Geld hat,
dem hilft nicht,
daß er fromm ist.

Wer kää Geld hat,
dem helft's aach nix,
wenn er noch so fromm wär.

27

Wo Gott eine Kapelle baut,
da baut der Teufel eine Kirche daneben.

Wode Herrgott e klään Kapell hinbaut,
do baut de Deiwel gleisch
e groossi Kersch nääwedraan.

BRRR

28

Ein williges Pferd
soll man nicht zuviel reiten.

E guddes Päärd
derfma nidd kaputtreide.

29

Aus einem verzagten Arsch
kommt kein fröhlicher Furz.

Von eme Buxeschisser
kannsche nidd verlange,
dasser e freelischer Furz losst!

30

Auf einen groben Klotz
gehört ein grober Keil!

E Kloowe
derfma nidd zart aanfasse!

31

Wer in den Ehestand geht,
der geht in ein Kloster voller Anfechtungen.

Wer heirade geht,
muss sisch uff vieles gefasst mache!
Wennde e Beispiel suchschd,
langt e Blick ins Klooschder;
dort is aach nidd alles so,
wies's sinn soll!

32

Kümmere dich nicht um ungelegte Eier!

Weje ungeleede Eier
brauchsche dir kää Kopp se mache!

33

Warum rülpset und furzet ihr nicht?
*Hat es euch nicht geschmecket?**

Kää Rülpser! Kää Furz!
Was is los? War ebbes middem Esse?

* Dieser Ausspruch ist Luthers Tischreden zugerechnet,
ist aber trotz seines hohen Bekanntheitsgrades nirgendwo belegt

34

*Es ist kein Mensch so böse,
daß nicht etwas an ihm zu loben wäre.*

*Kää Mensch is so schròò,
dasser nidd aach sei gudde Seite hätt.*

35

Man sollte den Gästen
einen guten Trunk geben,
damit sie fröhlich werden.

Hasche Besuch,
dann schenk e gudder Trobbe inn,
dass die Gäscht froh werre.

Bitte rufet, schreiet, suchet, klopfet, poltert!
Und das muss man für und für treiben,
ohne Aufhören.

Mach de Mund uff, schrei es eraus,
geh allem nòh, mach disch bemerkbar,
aach wenn's laut is!
Un dòdemit derfschde niemòòls uffheere.

37

Niemand zweifelt daran,
dass vor der Sintflut
das beste Zeitalter gewesen ist.

Wenn's mer recht is,
dann war die Zeit vor der Sintflut besser,
wie alles, was hinnenòh kumm is.

38

*Es soll keiner einen für
seinen vertrauten Freund halten,
er habe denn zuvor einen Scheffel Salz
mit ihm gegessen.*

***Willschde wisse,
ob der Anner dei Freind is,
muschde vorher e gudd Portion Salz
middem gess gehadd han.***

39

Wir kommen nie aus den Traurigkeiten heraus,
wenn wir uns ständig den Puls fühlen.

Du werschd immer läädlääwisch sinn,
wannde nid uffheerschd,
dir laufend de Puls se fiehle.

40

Ich weiß drei böse Hunde:
Undankbarkeit, Stolz, Neid.
Wen die drei Hunde beißen,
der ist sehr übel gebissen.

Es gebbt drei beese Hunde:
die Undankbarkeit, der Stolz un der Neid.
Wennde disch vun denne beisse loschd,
geht's der dreggisch.

41

Von Arbeit stirbt kein Mensch,
aber von Ledig- und Müßiggehen
kommen die Leute um Leib und Leben;
denn der Mensch ist zum Arbeiten geboren
wie der Vogel zum Fliegen.

Am viele Schaffe is noch Känner gestorb.
Awwer am Nixduun un Erumlungere
geht-ma kaputt.
Der Mensch is fier's Schaffe gemacht,
wie die Veschel fier's Flieje.

42

Ein Schulmeister muss singen können.

E Schullehrer muss musikalisch sinn.

43

Man muss die Hunde bellen lassen;
wer's ihnen aber wehren will,
der muss manchmal eine ganze Nacht
ungeschlafen liegen.

Hunde misse belle dirfe;
wer ihne dezwische geht,
kann die ganz Naacht
demit verbringe un muss gugge,
wo er de Schlòòf nòhhollt.

44

Denn es ist besser,
mit eigenen Augen zu sehen,
als mit fremden.

Wasde mit de eijene Aue siehschd,
do kannschde dir e Bild mache.
Uff annere Aue kannschde disch
nidd verlasse.

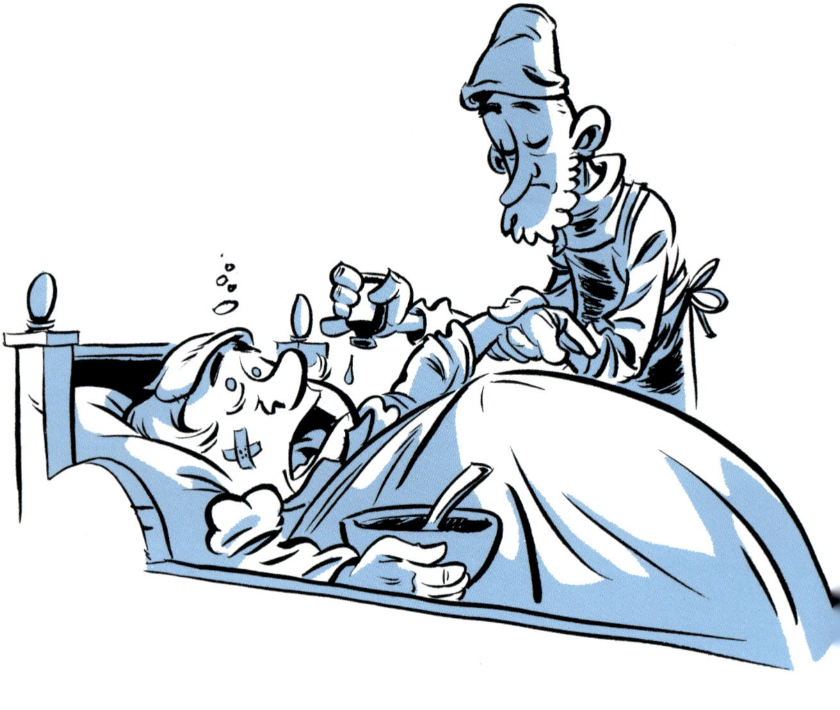

45

Ein armer Mensch ist,
wer von der Hilfe der Ärzte abhängig ist.

Am beschde helfschde dir selwert.
Wennde eerscht e Dokder brauchschd,
bischde arm draan.

46

Lieber Ratten im Keller
als Verwandte im Haus!

Do hannisch doch liewer
Radde im Keller wie die
buggelisch Verwandschaft im Haus!

47

Wo kein Wagnis, da kein Gewinn.
Wo keine Spiele, da kein Leben.

Ohne Risiko kannschde nix gewinne.
Un wer nimmeh spiele kann,
der hat nix vom Lääwe verstann.

48

Nur wer sich entscheidet,
der existiert.

Du muscht disch schon entscheide,
sundchd kannschde alles vergesse.

49

Und wenn ich wüßte,
daß morgen der jüngste Tag wäre,
so würde ich doch heute noch
mein Apfelbäumchen pflanzen.

Wenn isch mir sischer wär,
dass morje die Welt unnergääng,
dann dääd isch heit noch
mei Abbelbäämsche blanze.

Saarlännisch

50

Wirklich übersetzen heißt:
Etwas, das in einer andern Sprache
gesprochen ist,
seiner Sprache anpassen.

Frei iwwersetzt:
Ma kann noch so gudd
Hochdeitsch schwätze –
gee-e die saarlännisch Muddaspròòch
kummt kää anner Spròòch aan!

Luthers Abendsegen

Des Abends, wenn du zu Bett gehst, kannst du dich segnen mit dem Zeichen des heiligen Kreuzes und sagen:

Das walte Gott Vater, Sohn und Heilger Geist! Amen.

Darauf kniend oder stehend das Glaubensbekenntnis und das Vaterunser. Willst du, so kannst du dies Gebet dazu sprechen:

Ich danke dir, mein himmlischer Vater, durch Jesum Christum, deinen lieben Sohn, dass du mich diesen Tag gnädiglich behütet hast, und bitte dich, du wollest mir vergeben alle meine Sünde, wo ich Unrecht getan habe, und mich diese Nacht gnädiglich behüten. Denn ich befehle mich, meinen Leib und Seele und alles in deine Hände. Dein heiliger Engel sei mit mir, dass der böse Feind keine Macht an mir finde. Amen.

Alsdann flugs und fröhlich geschlafen.

Martin Luther 1529

Luthers Abendsegen auf Saarländisch

Übersetzt von Walther Henßen

Bevor de òòhmens ins Bett gehschd, kannschdes Kreiz schlaan unn Folschendes bääde:

Mei Herrgott, Du hascht alles in der Hand, isch bääde disch aan, Vadder, Sohn unn heilischer Geischt. Amen.

Dann kannschde uff die Knie gehn odder aach im Stehn es Glaawensbekenntnis bääde unn es Vadderunser. Unn wennde willscht, kannschde aach noch das do Gebet saan:

»Se allereerscht muss isch dir, Vadder im Himmel, emòòl danke saan, weil: du hascht gemeinsam mit deim Sohn Jesus Christus die Hand iwwer misch gehall, dass mir heit nix Beeses bassiert is. Unn dòdrum will isch disch bidde, dassde mir an Schuld all das nòhloscht, wo isch ebbes gemach hann, was nidd in Ordnung war. Hall mir aach weider bei, wenn jetzde die Naacht kummt. Du wääscht jò, isch halle misch aan disch unn genn dir alles, was isch hann, an die Hand, mei Kerber unn mei Seel ingeschloss. Dei heilischer Schutzengel loss bei mir bleiwe, dass der Raulische, wo misch von dir wegholle will, nix aan mir hat.«

Nachsatz:
Alleh dann! Awweile awwer dabber inngeschlòòf unn ebbes Freehlisches gedräämt!

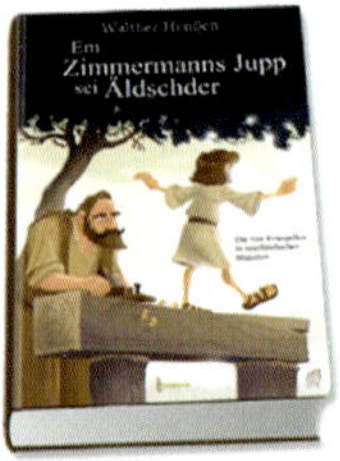

Walther Henßen
Em Zimmermanns Jupp sei Äldschder
Die vier Evangelien in saarländischer Mundart

ISBN 978-3-938889-17-6
368 Seiten | Hardcover | Format 14 x 21 cm
EUR 19,80

Audio-CD im Digipack:
ISBN 978-3-938889-04-6
EUR 14,80

Paket Audio-CD und Buch:
ISBN 978-3-938889-02-2
EUR 29,80

Kirchenkreisverband an der Saar (Hrsg.)
Von Türmen, Kanzeln und Altären
Ein Führer zu evangelischen Kirchen
im Saarland

ISBN 978-3-938889-00-8
128 Seiten | Klappenbroschur
142 Farbfotos | Format 13 x 21 cm
EUR 12,80

Joachim Conrad / Jörg Rauber (Hg.)
Die Reformation in der Saargegend
Katalog zur Ausstellung der Fachrichtung
Ev. Theologie der Universität des Saarlandes

ISBN 978-3-946036-62-3
88 Seiten | Broschur
Format 17 x 24 cm
EUR 12,80

www.geistkirch.de